ISBN : 978-2-4120-1627-5
Dépôt légal : décembre 2016

Imprimé en Italie
Édition : Frédéric Lorreyte
Couverture et mise en page intérieure : NoOok
Illustrations : Shutterstock, Freepik

Éditions First, un département d'Édi8
12, avenue d'Italie
75013 PARIS – France
Tél. : 01 44 16 09 00
Fax : 01 44 16 09 01
E-mail : firstinfo@efirst.com
Site Internet : www.editionsfirst.fr

Yamina Benahmed Daho

TU SAIS QUE TU ES PROF QUAND...

FIRST Editions

Avant-propos

Si, après chaque journée de cours, on peut emporter quelques réjouissances dans son cartable, on ne peut pas cacher – et pour une fois, le prof peut vous dire qu'il ne vous apprend rien – que les conditions dans lesquelles exerce aujourd'hui un enseignant sont de moins en moins désirables, de moins en moins désirées. Entre déceptions, réclamations sourdes et manifestations, une lecture comique de nos conditions et de nos situations d'enseignement nous effleure pourtant. Peut-être parce que la machine dysfonctionne tellement qu'elle provoque le rire. Ou parce que le rire soigne parfois du malheur.

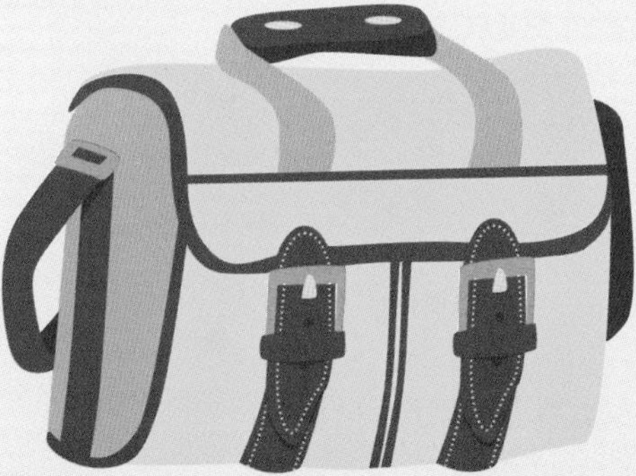

Vis ma vie de classe

- Il est 8 h 20, tu lis un extrait de *Tartuffe* devant des élèves engourdis par le sommeil, et c'est un sentiment de solitude qui t'envahit.

- Il est 16 h 40, tu précises qu'il faut ouvrir le manuel page 123, tu l'écris même au tableau. Jessy demande : « C'est page combien ? » Tu préférerais mourir étouffé par ton goûter plutôt que lui répondre.

- Tu as l'impression de travailler aux douanes chaque fois que Rudy passe devant ton bureau en demandant s'il y a contrôle aujourd'hui.

- En quinze jours, tu as mémorisé plus d'une centaine de prénoms – même les plus improbables (Jeannaline, Keurtysse, Pierre-Richard…).

- Tes nuits sont brouillées par les multiples combinaisons d'un plan de classe pour lutter contre l'agitation de la quatrième C.

- Face aux regards insistants et aux messes basses des élèves, tu doutes que ta nouvelle coupe de cheveux soit aussi réussie que tes proches te l'ont fait croire.

Tu es prof d'EPS quand…

- … tu vas au travail en jogging.
- … tu corriges ceux qui disent encore « prof de gym ».
- … tu viens au conseil de classe avec un sifflet autour du cou.
- … tu discutes avec un élève à la fin du cours avec des plots à la main.

CITATION

« Laissez-moi tranquille, je n'ai pas inventé l'école. »

(Charlemagne, *Ma vie, ma vérité*.)

La photocopieuse

C'est l'objet probablement le plus coûteux d'un établissement, l'objet qui permet de réunir les enseignants autour de conversations techniques approximatives et incompréhensibles, l'objet dont on peut se vanter qu'il peut créer une file d'attente plus longue qu'à Pôle emploi.

LA FIN DES CLICHÉS

- Le prof n'est pas nécessairement abonné à *Télérama*.
- Il ne corrige pas systématiquement au stylo rouge.
- Il ne regarde pas seulement des films en noir et blanc et/ou sous-titrés.
- Il n'est pas toujours en grève, de gauche et syndiqué.

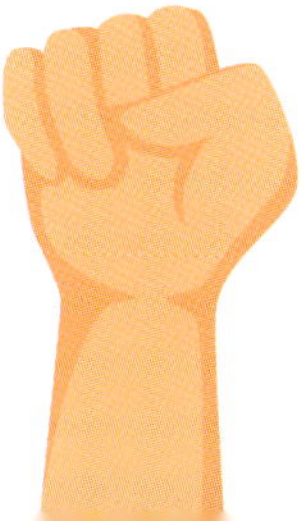

Tu maîtrises la langue des sigles et c'est tout naturellement que tu emploies :

- **MGEN** pour Mutuelle Générale de l'Éducation Nationale, dont les tarifs deviennent très discutables dès que tu dois soigner tes dents ;
- **EN** pour Éducation Nationale, appelée aussi « Éduc' Nat' », mais on évite : on pourrait penser que tu parles d'une certaine Nathalie ;
- **IUFM** pour feu Institut Universitaire de Formation des Maîtres, qui t'offrait une année de transition pendant laquelle tu étais élève-professeur, c'est-à-dire schizophrène ;

- **DPE** pour Département des Personnels Enseignants – inutile de chercher, il ne figure pas sur la carte de France ;
- **ZEP** pour Zone d'Éducation Prioritaire, récemment modifié – très probablement par amour pur et intense des sigles – en REP, soit Réseau d'Éducation Prioritaire ;
- **DNB** pour Diplôme National du Brevet, le premier examen qui donne aux élèves un avant-goût de la complexité de l'administration française quand tu leur expliques comment remplir l'en-tête de la copie.

ON T'A DIT AU MOINS UNE FOIS:

« Oh là là ! Moi, je pourrais pas être prof ! Un gosse, déjà, c'est chiant, alors 25 ! »

S'ensuit un silence pareil à un suspense de film d'horreur quand tu précises que tu as parfois des classes de 30 élèves, voire de 32.

TU SAIS QU'ON PEUT DÉTESTER L'ÉCOLE ET AVOIR DU TALENT

« Nous étions à l'Étude, quand le Proviseur entra, suivi d'un nouveau habillé en bourgeois et d'un garçon de classe qui portait un grand pupitre. Ceux qui dormaient se réveillèrent, et chacun se réveilla comme surpris dans son travail. »

(Gustave Flaubert, *Madame Bovary*.)

Tu es prof de sciences de la vie et de la Terre quand...

- ... les élèves pouffent de rire de gêne quand tu annonces la séquence « Le fonctionnement de l'appareil reproducteur féminin ».
- ... les élèves pouffent de rire de gêne quand tu annonces la séquence « Le fonctionnement de l'appareil reproducteur masculin ».
- ... les élèves pouffent de rire de gêne quand tu annonces la séquence « Sexualité et procréation ».

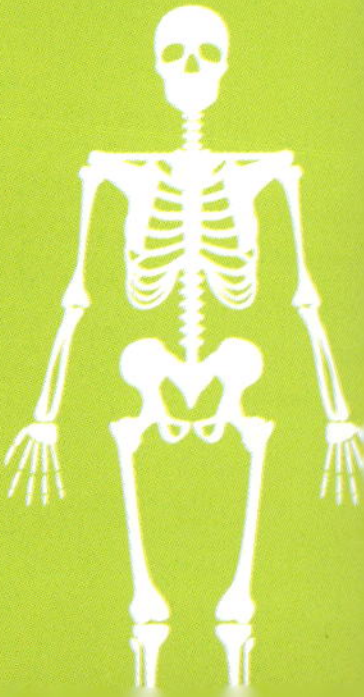

BON APPÉTIT, PEUT-ÊTRE...

Les menus de cantine scolaire, c'est comme les compos d'équipes de foot, ils sont souvent meilleurs sur le papier.

LES SECRETS DE LA SALLE DES PROFS

- ✓ Il y a toujours une machine à café. Elle tombe en panne régulièrement.
- ✓ Il y a toujours des tables de classe. Elles servent de bureaux ou de tables de ping-pong.
- ✓ Il y a toujours un prof qui sourit exagérément. Il finit à 15 heures et ça énerve les autres.
- ✓ Il y a toujours une affiche « Merci de laver votre vaisselle ». Elle est accrochée au-dessus de l'évier qui déborde de tasses.

- ✓ Il y a toujours un élève derrière la porte. Il veut te demander s'il y a des exercices à faire pour aujourd'hui.
- ✓ Il y a toujours des casiers nominatifs, pour y ranger ce qui est nécessaire au métier : cahiers, Pépito, manuels, café, Badoit, stylos…

Le tableau

Il peut être posé sur un chevalet ou accroché au mur, noir ou vert foncé pour y écrire à la craie, blanc pour utiliser un feutre ou un crayon-souris…
Le tableau est cet objet qui ne ment pas sur l'époque pédagogique à laquelle on vit dans ton établissement.

PROVERBE

Un cartable vaut mieux que deux tu l'auras.

Qui suis-je ?

À quoi reconnaît-on un prof de maths ?

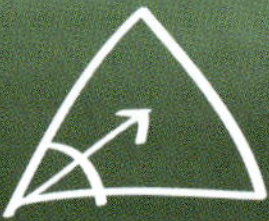

Réponse : il sait faire des cercles avec un compas à ventouse.

LA RÉUNION PARENTS-PROFS

C'est ce moment où l'on se retrouve face aux parents de Jayson, que l'on écoute tout en s'étonnant de leur ressemblance – pas seulement physique – avec l'élève.

Tu es prof d'anglais quand...

- … tu es bien heureux de ne pas enseigner avec le manuel eighties qui mettait en scène Sam and Patty à l'école, Sam and Patty en vacances, Sam and Patty à la piscine, Sam and Patty en balade à vélo.
- … tu articules tellement la langue que ça ressemble à de l'anglais codé.
- … tu as préparé une chanson de U2 sous la forme d'un texte à trous.
- … les phrases les plus utilisées par tes élèves sont « How do you say in English ? » ou « Can you repeat, please ? ».

GRÂCE À CE MÉTIER, TU AS DÉCOUVERT L'INCOMPRÉHENSION

Mounir s'exclame fièrement qu'il a compris que l'homme invisible est l'homme moche qui vient d'apparaître à l'écran ; tu expliques qu'il ne peut pas le voir puisqu'il est invisible. En vain.

Grâce à ce métier,
tu as découvert
la solitude

Tu profites que la mère de Jessika soit venue à la remise des bulletins pour lui raconter que sa fille est sortie de classe en t'insultant cet après-midi. Et la mère t'offre un fou rire pour seule réponse.

LE VOYAGE SCOLAIRE

C'est ce moment où l'on vit de grandes expériences de partage avec les élèves, comme le vomi dans le bus ou l'odeur des chaussettes qu'ils n'ont pas changées depuis trois jours.

Tu es prof en sixième si on t'a posé des centaines de questions inutiles et inépuisables comme :

- « Madame[1], je suis arrivé en bas de la page, je fais quoi ? »
- « Madame[1], mon stylo, il marche plus, je fais comment ? »
- « Madame[1], faut lire le texte avant de répondre aux questions ? »
- « Maman[2]… euh… madame, faut coller la feuille ? »

1. Fonctionne aussi avec « Monsieur ».

2. Fonctionne rarement avec « Papa ».

ON T'A DIT AU MOINS UNE FOIS :

« Mais à quoi ça sert ce qu'on fait ? »

En grève

C'est ce jour où tu t'aperçois que la banderole « Non aux classes surchargées » est la même depuis ton entrée à l'Éducation nationale.

SONDAGE

- ✓ 99 % des enseignants se plaignent des élèves qui bavardent en classe.
- ✓ 99 % des chefs d'établissement se plaignent des profs qui bavardent en réunion.
- ✓ 99 % des Français pensent qu'on ne parle pas assez du bavardage.
- ✓ 1 %, devenu sourd à cause des bavardages, ne se prononce pas.

Sondage : « Le bavardage, ce fléau », paru au *Bulletin Officieux* du 19 novembre 2009.

Tu es prof de musique quand…

… tu ne déjeunes pas à midi, tu as chorale.

… tu ne finis jamais avant 17 heures, tu as chorale.

… tu ne connais pas les récréations, tu as chorale.

… tu arrives en retard aux réunions, tu avais chorale.

QUI A DIT :

« Le chou-fleur n'est pas autre chose qu'un chou qui est passé par l'université » ?

a. Tintin au Congo.

b. Honoré de Balzac.

c. Mark Twain.

Réponse : c.

Les objets confisqués

Rouges à lèvres, effaceurs sarbacanes, mots d'amour codés, téléphones portables, dessins de sexe masculin disproportionné, stylos lance-pierres, brosses à cheveux... À la fin de ta carrière, tu peux envisager une brocante.

CITATION

« Rien que d'y penser, j'en perds la tête. Mais oui, mais oui, l'école est finie. »

(Annie Chancel,
Psaumes et Ritournelles.)

Tu sais qu'on peut détester l'école et avoir du talent

« À CEUX QUI, NOURRIS DE GREC ET DE LATIN, SONT MORTS DE FAIM,
je dédie ce livre. »

(Jules Vallès, *Le Bachelier*.)

PROVERBE

Ce qui est appris n'est plus à apprendre.

Jour de fête

Comme l'œuf,
la plomberie, le rein,
les AVC, le chocolat,
La Poste, l'asthme,
la bière, le moineau,
les stagiaires, l'urticaire,
le tennis, l'allaitement,
le pop-corn et les câlins,
l'enseignant a sa journée
mondiale : le 5 octobre.

L'ART DE LA CORRECTION

Comme le tir à l'arc, la correction de copies demande concentration, énergie, rigueur et souplesse. Motivé, tu t'installes le matin en jurant que tu viendras à bout des 87 copies avant 18 heures, mais, comme la flèche entre les doigts du tireur fatigué, le stylo glisse, et c'est alors que tu ne rêves qu'à deux choses : appliquer la technique de l'escalier[1] ou inventer une machine à corriger.

1. Jeter les copies du haut de la vingt et unième marche d'un escalier et les ramasser en remontant l'escalier pour les noter de 1 à 20 en fonction de la marche sur laquelle elles sont tombées. Éviter de pratiquer la technique sur un escalator, cela broierait les copies.

Tu es prof d'arts plastiques quand...

- … les élèves sortent de ta classe les doigts tachés de peinture.
- … tu as toutes les classes, donc tous les élèves, soit 500 enfants en moyenne par semaine.
- … tu es seul dans ta matière, tu fais forcément des heures supplémentaires.

GRÂCE À CE MÉTIER, TU AS DÉCOUVERT L'IMAGINATION SANS LIMITES

Steven te demande pour la centième fois comment coller la feuille, tu décides de ne plus répondre, tu le vois alors lécher sa feuille, la poser sur sa page de cahier et taper dessus avec conviction.

LA PRÉ-RENTRÉE

C'est ce jour où
tous les profs
écoutent en silence
le chef
d'établissement
présenter
l'organisation de
l'année scolaire
quand, soudain,
la distribution des
emplois du temps.

LA RENTRÉE

C'est ce jour
où les élèves
écoutent en silence
le prof présenter
le programme
de l'année quand,
soudain,
la distribution des
emplois du temps.

Tu sais que tu es parent et prof quand…

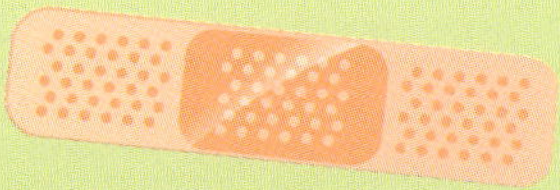

- … tes enfants finissent leurs devoirs avant toi.
- … tu as une empathie démesurée pour la maîtresse qui se plaint de ton fils bavard.
- … tu repères le champ lexical de la douleur dans *T'choupi a un bobo* quand tu le lis à ton fils.

CITATION

« Sucez vos impératifs
Et laissez-nous dormir
Une bonne fois
C'est la nuit
Et la canicule »

Philippe Soupault, *Sur les nerfs*.

Proverbe

Un exercice ne vient jamais seul.

ON PEUT DÉTESTER L'ÉCOLE ET AVOIR DU TALENT

« Chaque soir de mon enfance, je rentrais à la maison poursuivi par l'école. Mes carnets disaient la réprobation de mes maîtres. Quand je n'étais pas le dernier de ma classe, c'est que j'en étais l'avant-dernier. (Champagne !) »

(Daniel Pennac, *Chagrin d'école*.)

Tu es prof de philo quand…

- … tu commences ta journée en classe en demandant s'il est juste de se venger.
- … tu n'en peux plus d'entendre que ce qui ne nous tue pas nous rend plus forts.
- … tu abordes un texte de Michel Foucault et qu'on te demande s'il a un lien avec Jean-Pierre de *Qui veut gagner des millions ?*

IL N'Y A PAS QUE LES PROFS QUI CORRIGENT

« Le mec dit : “On sait c’est qui qui domine.” Je rappelle que le double emploi du pronom relatif “qui”, ça n’existe pas. On sait maintenant c’est qui qui dormait au fond de la classe pendant les cours de français. »

Le comte de Bouderbala, sketch : *Le Rap français*, à propos des paroles du groupe 113.

LE CARNET DE CORRESPONDANCE

Livret contenant toutes les informations nécessaires à la scolarité de l'élève (notes, emploi du temps, sorties, absences…) et facilitant la communication entre les parents et l'établissement.

Madame,

Nous sommes en décembre
et Alex-Andre n'a toujours
pas de crayons de couleur,
ce qui le pénalise en cours pour
réaliser les cartes. Pourriez-vous
les lui fournir rapidement ?

Par avance, merci.

M. Apex, son professeur
d'histoire-géographie.

Bonjour,

Je verrai ce que le père Noël
peut faire pour mon fils. Merci.

Tu es jeune prof quand...

- ... on peine à faire la différence entre les élèves et toi sur la photo de classe.
- ... les parents d'élèves, avec un doute dans la voix, te demandent depuis combien de temps tu enseignes.
- ... à la cantine, l'intendant te tape sur l'épaule en te demandant de faire la queue comme tout le monde, puis il s'excuse parce que c'est seulement quand tu t'es retourné qu'il t'a reconnu.

GRÂCE À CE MÉTIER, TU AS DÉCOUVERT L'INTIMITÉ

Au milieu de ta lecture de *Construire un feu*[1], Bérénysse éclate de rire. Tu lui demandes de se concentrer, elle répond : « C'est pas ma faute, c'est Benjamin, il me montre ses crottes de nez ! »

1. Immense nouvelle de l'immense Jack London, publiée l'immense année 1907.

Quand tes élèves s'étonnent...

... que tu aies un prénom.

... que tu ailles au supermarché.

... que tu fasses la bise à ton collègue.

... que tu fasses du sport.

3, 2, 1, RÉCRÉ !

Hervé fixe sa montre en souriant, Mehdy décompte les secondes, Fatou improvise un langage des signes pour demander l'heure à Hervé, Bronson a fermé sa trousse et ses cahiers, Christinelle les a complètement rangés, Aline confirme à Jeanne qu'elle la retrouvera sous le préau, Ethan fait semblant d'écrire ses devoirs dans son agenda, Melvine a les pieds calés dans des starting-blocks invisibles, Kentin a glissé une brique de jus d'orange dans sa poche…

Ils sont sans pitié, ils veulent que tu comprennes que c'est fini, que ça va sonner.

La fête de fin d'année

C'est ce jour où profs et élèves célèbrent l'année brillamment/péniblement[1] écoulée tout en étant secrètement soulagés de ne plus se supporter pendant les vacances d'été.

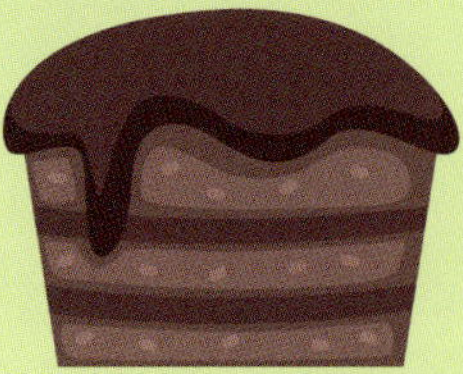

1. Rayer la mention inutile.

LE CONSEIL DE CLASSE

C'est ce moment où les profs se réunissent cordialement pour faire le bilan trimestriel des élèves de chacune de leurs classes quand, soudain, le cas du petit Keurtysse divise et, tout de suite, c'est un épisode de *Questions au gouvernement* qui dégénère.

Quand la salle de classe devient le siège de Météo France

John a trop chaud à cause du chauffage, il ouvre la fenêtre, et c'est une AG qui éclate pour savoir si l'on doit travailler en manteau fenêtres ouvertes ou en t-shirt toutes fenêtres fermées : c'est l'automne.

Nathan t'interrompt en criant : « Haaaaaan ! Il neige ! », et tous les élèves restent bloqués sur une pluie de minuscules flocons : c'est l'hiver.

Jonathan t'interrompt pour demander si on va faire cours dehors, sur l'herbe, dans la cour : c'est le printemps.

John et Nathan prétextent qu'il fait trop chaud pour réfléchir : c'est l'été.

TZR =
Titulaire en Zone de Remplacement = courage

Tout le monde connaît Gérard Klein, aka Victor Novak, aka *L'Instit*, le TZR qui effectue des remplacements en moto partout en France – parfois même à l'étranger ! –, qui a toujours le sourire et une solution pour chaque problème.

Dans la vraie vie, le TZR doit assurer, sur une zone départementale plus ou moins définie, plusieurs remplacements dans différents établissements pendant une année scolaire. Même sans moto, même sans le sourire, c'est déjà héroïque.

GRÂCE À CE MÉTIER, TU AS DÉCOUVERT LA RÉSISTANCE

Comme Mamadou n'a pas travaillé à la maison, tu lui demandes d'aller faire l'exercice au tableau. Il s'y adosse, feutre à la main, et quand tu lui demandes pourquoi il n'écrit pas, il explique, en toute décontraction, qu'il attend les réponses.

QUIZ

Quel nom retrouve-t-on le plus au fronton des établissements publics ?

a. Jean Jaurès.

b. Jules Ferry.

c. Jean Rostand.

Réponse : b.

ON T'A DIT AU MOINS UNE FOIS:

« T'es prof de français ? Oh ! faut pas que je fais de fautes alors ! »

Tu sais que tu es prof quand tu rêves...

- ... de mutations dans un établissement desservi par les transports en commun.
- ... de ne pas tomber malade pendant les vacances.
- ... d'avoir quelqu'un qui décroche quand tu téléphones au rectorat.
- ... des trombinoscopes flous de tes classes.
- ... de moments de silence absolu.

CITATION

« Les leçons qu'on fait entrer de force dans l'âme n'y demeurent pas. »

(Platon, *Je n'ai qu'une philosophie.*)

ON T'A DIT AU MOINS UNE FOIS :

« Ah ouais, cool ! T'as deux mois de vacances l'été ! »

Variante : « Ah ouais, cool ! T'es toujours en vacances ! »

LE MATCH DE FIN D'ANNÉE

C'est ce jour où profs et élèves se rencontrent sur un terrain pour célébrer la fin de l'année et où Jairémi, pour se venger de son 9,5 en maths qu'il a toujours en travers de la gorge depuis février, tamponne M. Aurier qui, fair-play, sourit en serrant les dents.

Tu es prof de latin-grec quand…

- … en réalité, tu enseignes aussi le français.
- … dans les discussions sur des sujets d'actualité, tu places toujours un « les Grecs se posaient déjà la question ».
- … pour toi, Cyprianus, Hosta, Lucius, Maxima et Titus sont des prénoms tout à fait communs.
- … ton meilleur ami s'appelle Gaffiot.

PROVERBE

Qui sème un contrôle récolte un week-end de corrections.

ON T'A DIT AU MOINS UNE FOIS :

« T'es à la Casden ? »

Variantes :
« T'es à la MAIF ? »,
« T'es à la MGEN ? »

LES BULLETINS

Tous les trimestres, tu rédiges une appréciation qui accompagne la note moyenne de chaque élève.

✓ Le⊖: l'appréciation ne peut pas excéder la longueur d'un double tweet.

✓ Le⊕: tu as le temps d'une pause-café entre chaque appréciation, le temps qu'elle soit enregistrée.

À croire que l'auteur du logiciel est un héritier de l'Oulipo.

Tu es prof d'espagnol quand...

- … les élèves pensent qu'ils sont bilingues en ajoutant un *a* aux mots français féminins et un *o* aux mots français masculins.
- … grand prince, tu te fais appeler *señor*.
- … tu as deux assistants : Mafalda y Manolito.

GRÂCE À CE MÉTIER, TU AS DÉCOUVERT L'ÉTYMOLOGIE

À la consigne :
« Expliquez le mot composé *bidonville* », Jasmine a répondu : ce mot signifie que ce n'est pas une vraie ville, elle est bidon.

Quand tes élèves s'étonnent...

... que tu saches qui sont Denis Brogniart et Maître Gims.

... que tu aimes les comédies.

... que tu n'aies pas corrigé le contrôle qu'ils ont fait le matin même.

BINGO NATIONAL

Chaque année, l'Éducation nationale organise un grand jeu-concours : les mutations. C'est stratégique et très aléatoire à la fois. Pour mettre toutes les chances de ton côté, on te conseille logiquement d'appliquer deux méthodes contradictoires :

1. demander un poste de rêve très convoité que tu as 0,01 % de chance d'obtenir – sait-on jamais, sur un malentendu, ça peut marcher ;

2. demander un poste dont personne ne veut – comme ce collège délabré à 90 km du centre-ville –, tu as 99,99 % de chance de l'obtenir.

Tu es prof de physique-chimie quand…

- … on t'appelle « le prof de physique », comme si ton métier consistait à étudier l'apparence des gens.
- … tu as montré au moins un épisode de *C'est pas sorcier* à tes élèves.
- … tes cours vont de l'étude de la bulle de champagne à la course du guépard.

QUIZ

Quel artiste a un établissement à son nom ?

a. Florent Pagny.

b. Joe Dassin.

c. Yves Duteil.

Réponse : c.

QUI A DIT :

« Quand tu es môme, tu commences ta vie avec des exercices qu'on appelle des problèmes » ?

a. Georges Courteline.

b. François Bayrou.

c. Gad Elmaleh.

Réponse : c.

LE TÉLÉPHONE PORTABLE

Tu le redoutes entre les mains des élèves, tu le traques, tu le confisques. Puis, un jour, c'est la sonnerie gênante de ton portable (petit oiseau électronique, refrain de *La Chenille* ou d'*Antisocial*) qui résonne dans la classe. C'est alors que, disant adieu à ta crédibilité intellectuelle, tu songes à manger de la craie et à disparaître sous le bureau pour toujours.

Tu as déjà fait un de ces lapsus

- Tu vas te coucher dans ta classe – tu voulais dire « dans ta chambre ».
- Tu invites Kurtley à écrire sa réponse au frigo – tu voulais dire « au tableau ».
- Tu as prévu de passer une soirée tranquille à l'école – tu voulais dire « à la maison ».
- Je vais expliquer pour que vous puissiez moins comprendre – tu voulais dire « mieux comprendre ».

CITATION

« Un homme qui enseigne peut devenir aisément opiniâtre, parce qu'il fait le métier d'un homme qui n'a jamais tort. »

(Montesquieu,
***Toujours au top*, volume V.)**

Grâce à ce métier, tu as découvert la mauvaise foi

Pour expliquer sa note décevante, Prodige a un argument : « C'est abusé aussi de demander le nom de l'auteur dans un contrôle de lecture. Franchement, comment on peut savoir ? »

LE CARTABLE

Entre le cartable à roulettes Winnie l'ourson de Djohan qui entre en sixième, le sac à main de Florine qui n'apporte plus ses manuels parce que ça ne tient pas dedans, la besace One Direction de Stecy et le sac à dos PSG de Maïkeul, on devrait proposer une étude psychosociologique de l'élève et de son cartable.

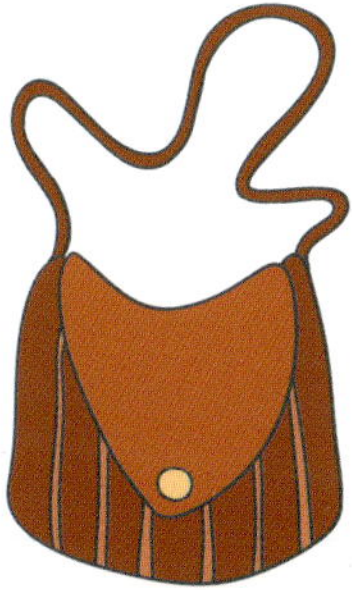

Tu es prof d'allemand quand...

- … tu peux avoir 12 élèves d'un même niveau de classe ou 26 élèves de trois niveaux de classe différents.
- … pour rassurer tes élèves, tu dois les convaincre que l'Allemagne, ce n'est pas que la guerre, une moustache carrée et un accent qui fait peur.
- … les élèves te souhaitent une *Gluten Tag*.

GRÂCE À CE MÉTIER, TU AS DÉCOUVERT L'ARGUMENTATION

Après ta présentation du programme, Christophe explique qu'il espère qu'on lira peu cette année parce que, l'an dernier, il a fallu acheter tellement de livres que ses parents étaient à découvert.

Tu corriges le brevet quand...

- ... on t'a annoncé un paquet de 55 copies à corriger et que tu en récupères 22 de plus.
- ... tu redoutes ce moment qui précède la correction : l'explication qui détaille le barème des questions divisées en quarts et demi-points.
- ... tu ne comprends toujours pas pourquoi on fournit des copies à petits carreaux sur lesquelles certains élèves ne sautent pas de lignes.

Tu corriges le bac quand…

- ✓ … on t'a annoncé un paquet de 80 copies à corriger et que tu en récupères 45 de plus.
- ✓ … ton budget stylos a triplé en une semaine.
- ✓ … tu n'as plus de vie sociale pendant 10 jours.
- ✓ … tu découvres que, pendant la guerre froide, McCarthy avait mis au point un système pour repérer les communistes via Internet.

SONDAGE

✓ 89 % des Français pensent que chaque élève est libre de choisir son propre uniforme.

✓ 11 % souhaitent ne pas se prononcer avant de savoir à quoi ressemblerait l'uniforme.

Sondage : « Pour ou contre l'uniforme à l'école ? », paru au *Bulletin Officieux* du 26 mai 2006.

ON T'A DIT AU MOINS UNE FOIS :

« Moi, j'ai jamais aimé l'école. Je n'ai eu que de mauvais profs. »

TU ES DOCUMENTALISTE QUAND...

- ✓ ... les élèves t'appellent « la dame du CDI » ou « le monsieur qui s'occupe des livres ».
- ✓ ... tu as le métier le plus noble du monde : tu travailles entre midi et 14 heures pour que les élèves puissent lire.
- ✓ ... tu redoutes le début de l'année, cette période où tu vérifies et distribues les manuels scolaires.
- ✓ ... tu redoutes la fin de l'année, cette période où tu vérifies et récupères les manuels scolaires.

Tu es prof de techno quand...

- ... tu dois expliquer aux élèves qui se plaignent du débit informatique que travailler à 24 sur des PC datant de 1998, forcément, oui, ça rame.
- ... tes collègues viennent te voir à chaque problème informatique.
- ... tu as la salle la plus cool de l'établissement, ne serait-ce que parce qu'elle est très grande, qu'il y a des ordinateurs, des tables larges, des armoires et une réserve.